AF268167

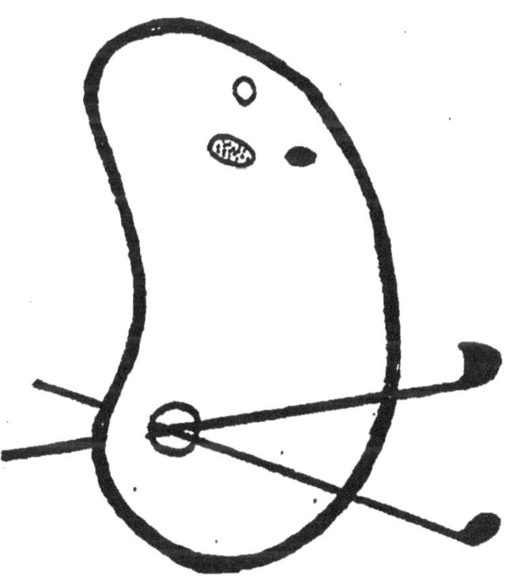

Prix : UN franc

F. BERTOUT DE SOLIÈRES

Les Fortifications de Paris à travers les Ages

J. GIRIEUD, ÉDITEUR

RUE DES CARMES, 56

ROUEN

Bibliothèque du « Marsouin »

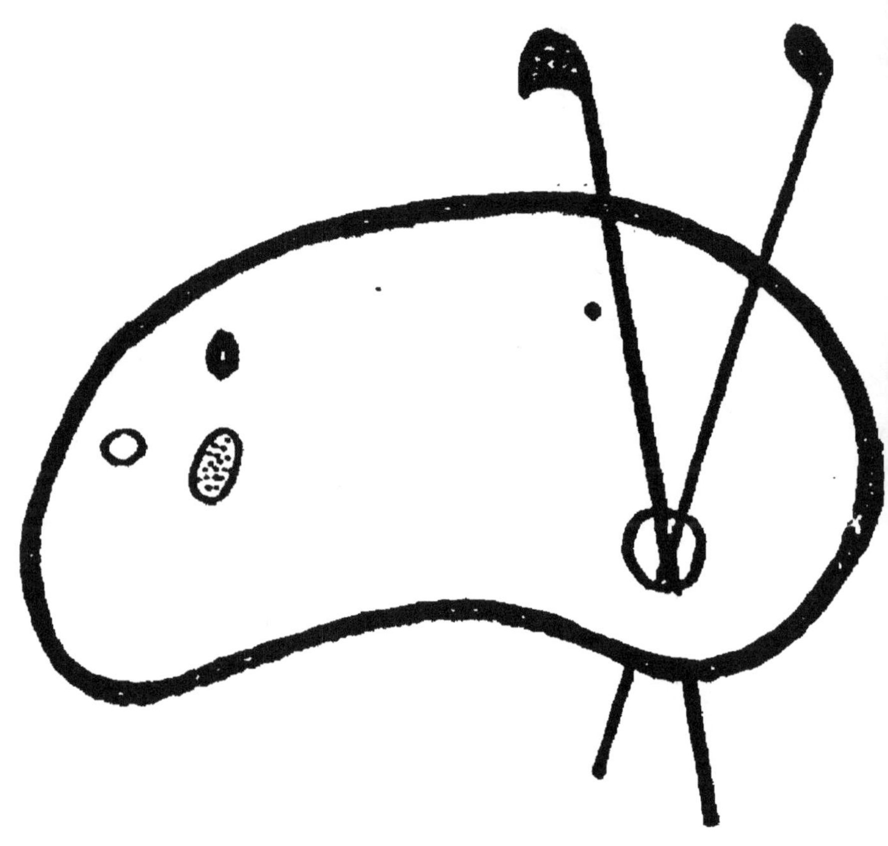

FIN D'UNE SERIE DE DOCUMENTS
EN COULEUR

LES FORTIFICATIONS DE PARIS

A TRAVERS LES AGES

F. BERTOUT DE SOLIÈRES

LES FORTIFICATIONS DE PARIS

À TRAVERS LES AGES

ROUEN

IMPRIMERIE J. GIRIEUD

Rue des Carmes, 58

1906

LES FORTIFICATIONS DE PARIS

A TRAVERS LES AGES

Depuis nos malheurs de la guerre franco-allemande, les milieux militaires français se sont occupés activement de la valeur tactique des fortifications et des forts détachés de la ville de Paris, qui, en 1870, n'ont pu empêcher ni un bombardement ni une capitulation.

Dès 1874, sur le rapport du général Chabaud-Latour, on décida la construction de forts plus éloignés que les premiers ; de nos jours, l'utilité d'une enceinte continue à été vivement discutée. Un comité se forma même en 1896 pour obtenir la suppression des fortifications ; les pourparlers avec l'Etat durèrent longtemps.

Sans vouloir entrer dans le fond de la question qui est du ressort du Conseil supérieur de la guerre, disons que, d'ici peu, une partie de l'enceinte actuelle de la Capitale aura disparu.

On demande le déclassement et la démolition des fronts Nord et Ouest des fortifications c'est-à-dire la démolition du rempart depuis le Point-du-Jour jusqu'au bastion 27, en face de Pantin.

On estime la valeur des terrains qui seraient mis en vente, après destruction de l'enceinte, à 150 millions environ. Par contre, des dépenses devraient être faites jusqu'à concurrence de 50 millions, ce qui donnerait à l'Etat une recette nette d'environ 100 millions.

Les travaux à exécuter seraient les suivants : Construction d'un mur d'enceinte reliant la Seine à la portion conservée des fortifications depuis les forts de la Briche à Saint-Denis, les forts de la double-couronne de l'Est, à Aubervilliers jusqu'au bastion 27 de Paris, estimée 16 millions.

Travaux de flanquement sur la Seine entre le Point-du-Jour et Saint-Denis, 1 million ;

Casernes nouvelles remplaçant celles qui seront détruites, avec la portion de l'enceinte déplacée, 6 millions ; renforcement des forts détachés de la ligne principale de défense de Paris, 27 millions.

Tout d'abord, une partie de ce programme serait exécutée : elle comprendrait la démolition de la partie de l'enceinte bordant le bois de Boulogne. Sur les travaux projetés, il serait exécuté, en même temps, la construction de la nouvelle enceinte, les travaux de flanquement et une partie des casernes, soit, en tout, vingt millions.

Au moment où l'on s'occupe ainsi de faire disparaître la ceinture de fer de la Capitale, il nous a paru curieux et intéressant de rechercher et de retracer quelles furent les successives enceintes de Paris aux diverses époques de son existence, depuis ses origines à nos jours.

L'Enceinte de Lutèce.

Sans refaire l'histoire de Lutèce et de sa fondation, rappelons que ses premiers habitants occupaient sept îles situées en Seine, dans la portion comprise entre les ponts actuels d'Austerlitz et des Arts.

Si nous donnons des noms modernes à ces langues de terre, nous trouvons l'île Louviers, divisée en deux, réunie en 1813 à la terre ferme, c'est l'emplacement du quai Henri IV ; l'île Saint-Louis, formée de trois îlots séparés par des bras très étroits, enfin, la Cité, partagée elle-même en deux.

Sans défenses proprement dites, Lutèce fut détruite un peu au commencement de l'occupation romaine.

Cependant, Jules César frappé de la situation exceptionnelle des îles de la Seine, de leur valeur militaire, de la fertilité de la vallée, décida de reconstruire la ville.

Sur les ruines de Lutèce, s'élevèrent bientôt de nombreuses maisons, villas, des autels, dont on retrouva plus tard les substructions. Les habitants revinrent en foule et, de suite, la ville prit un essor considérable.

Pour éviter le sort malheureux de leurs ancêtres, les Parisiens fortifièrent l'île de la Cité et ce fut là la première enceinte véritable de la Capitale.

Un mur épais formé de blocs superposés sans mortier, ni ciment, constitua le rempart ; la grève servit de chemin de ronde et la Seine fut le premier fossé. Deux ponts en bois, le Grand et le Petit, protégés par de hautes tours, faisaient communiquer l'île avec les deux rives du fleuve.

En 1829, à l'angle de la rue Saint-Landry et du quai Napoléon, plus tard rue de la Colombe, on retrouva, au cours de fouilles pratiquées par des fondations, des parties intactes de la muraille de César. Les musées de Cluny et Carnavalet ont reçu quelques-unes des pierres qui furent ainsi exhumées.

Les Francs qui poursuivaient leur marche victorieuse vers la Loire convoitaient depuis longtemps la superbe cité qui s'était développée à l'abri de l'enceinte gallo-romaine.

Childéric l'attaque enfin et s'en empare malgré le dévouement de Sainte Geneviève qui parvint à ravitailler plusieurs fois les assiégés.

Sous les fils de Clovis et leurs successeurs Paris subit bien d'autres sièges et passa à plusieurs reprises entre les mains de différents maîtres. Ses fortifications primitives virent aussi les assauts des Normands en 845, 856, 861 et 864.

Continuellement harcelé, Charles-le-Chauve résolut de fortifier à nouveau Paris. En 870, il fit construire de nouvelles tours aux extrémités du Grand et du Petit-Pont ; celle défendant le Grand-Pont s'appela plus tard le Châtelet.

En même temps, on renforça considérablement les autres fortifications. Il était temps ; les Normands réapparurent en 885 et tentèrent un assaut sur toute la périphérie de Paris. Grâce à l'énergie de Eudes et à l'exemple de l'évêque Gozlin, les habitants veillèrent nuit et jour et surent repousser toutes les tentatives des ennemis. Cependant le Chatelet, isolé par la rupture du Grand-Pont, fut incendié et la ville courut grand péril.

Charles-le-Gros vint, sur ces entrefaites, camper dans la plaine de Montmartre et s'avança vers le fleuve. Les assiégés reprirent courage, hélas! pour peu de temps. Le roi ne voulut pas combattre et négocia avec les Normands qui emportèrent un riche butin et des sommes d'argent considérables.

Sous Hugues Capet, les fortifications furent réparées. Nouvel assaut de l'empereur d'Allemagne Othon, résistance énergique des habitants. Après plusieurs mois de siège, voyant qu'il ne pourrait arriver à emporter la capitale, Othon leva son camp et retourna au-delà du Rhin non sans avoir toutefois planté son javelot dans une des portes de l'enceinte dont il s'était approché au coucher du soleil.

L'Enceinte de Louis VI.

Louis-le-Gros ayant constamment à se défendre contre ses vassaux, comtes ou barons, s'occupa de fortifier solidement la ville dont l'accroissement était important et dont les faubourgs s'étendaient fort loin sur les deux rives de la Seine.

Les travaux furent poussés activement et terminés sous Louis VII.

La nouvelle enceinte comprenait une haute muraille crénelée et garnie de machicoulis. Au début, le rempart ne protégea que les faubourgs du Nord (rive droite).

Le mur commençait à la porte Baudet ou Baudoyer (chartes de Louis VII), derrière Saint-Gervais, un peu en amont du pont Louis-Philippe actuel, tournait le long du cloître Saint-Jean-en-Grève, gagnait une tour qui fut donnée plus tard comme synagogue aux Juifs, d'où son surnom de Tour du Pet-du-Diable, non loin de la rue encore appelée rue des Juifs.

De là, l'enceinte suivait le cours de la Seine, passait entre la rue de la Verrerie et celle de la Tixanderie, où il y avait une tour, englobait l'église Saint-Merry, tournait un peu plus loin au lieu dit l'Archet de Saint-Merri (tour mentionnée par l'abbé Suger), et finissait à la Seine vers la rue des Fossés-Saint-Germain-l'Auxerrois.

Plus tard, la clôture fut prolongée sur la rive gauche du Petit-Pont à la place Maubert pour finir vers la rue de Bièvre presqu'en face du rempart de la rive droite.

L'Enceinte de Philippe-Auguste.

Philippe-Auguste, frappé du peu de résistance de cette enceinte, décida, en 1190, de la reconstruire plus solidement en la transportant encore plus loin, afin de protéger de nouveaux faubourgs qui s'étaient formés au-delà des premières limites.

La muraille ne fut terminée qu'en 1208 pour la partie Nord et qu'en 1210 pour celle du Sud. Elle se composait d'un rempart épais de 8 pieds d'épaisseur construit au moyen d'un blocage de moellons recouvert de maçonnerie ; elle était percée de 14 portes et flanquée de 500 tours, enfin elle englobait une superficie totale de 789 arpents.

Cette fortification partait d'une tour, appelée la « Tour qui fait le Coin » à peu près sur l'emplacement du pavillon Mollien, au Louvre, à l'extrémité du Pont des Saints Pères, puis gagnait directement la porte Saint-Honoré située aux environs de la rue de l'Oratoire où se trouvaient deux tours, longeait la rue de Grenelle-Saint-Honoré et arrivait ainsi au carrefour des rues Jean-Jacques-Rousseau et Coquillière où s'élevait la porte Bahaigne.

De là, la muraille passait vers la rue du Point-du-Jour, où se trouvait la porte Montmartre démolie en 1380, coupait les rues Montmartre, Montorgueil, Mauconseil et Saint-Denis. A cet endroit se trouvait la porte Saint-Denis ou porte aux Peintres ; elle fut démolie en 1535 et sur son emplacement on ouvrit l'impasse des Peintres.

L'enceinte continuait alors, coupant le Boulevard Sébastopol, la rue Saint-Martin (poterne Nicolas-Huidelou), englobant la rue aux Ours, suivant les rues Grenier Saint-Lazare, Michel-le-Comte, traversant la rue du Temple, près de laquelle la porte Sainte-Avoye fut ouverte en 1288 (et démolie en 1535) la rue du Charme et gagnant la rue des Francs-Bourgeois en face le Palais des Archives.

Là, s'élève encore une tour cylindrique de cette enceinte, marquée n° 10 sur le plan de Bonnardot ; cette tour longtemps englobée dans un pâté de maisons, servait de cage d'escalier ; elle fut retrouvée et isolée en 1878 lors de la démolition des immeubles nécessitée par les agrandissements du Mont-de-Piété. Cette tour encore bien conservée a été habilement restaurée ; une plaque indique son origine et son histoire.

De cette tour, la muraille suivait la rue des Francs-Bourgeois, enclavait le marché des Blancs-Manteaux et aboutissait au coin des rues Vieille-du-Temple et des Rosiers à la porte Barbette. Elle suivait encore la rue Malher, traversait la place de Birague, où s'élevait la porte Baudoyer, coupait l'emplacement de l'église Saint-Paul, longeait la rue des Barres et venait se terminer au quai par une tour appelée tour Barbel-sur-l'Yeau.

En 1878, au cours des fouilles exécutées par la construction du marché de l'Ave Maria, on retrouva fort bien conservées, les substructions de cette tour célèbre.

Sur la rive gauche, les fortifications prenaient à la Tour de Nesle, sur l'emplacement du pavillon de l'Ouest de la Bibliothèque Mazarine, traversaient la rue Dauphine, la rue Contrescarpe (ce qui indique bien son emplacement) aboutissaient rue Saint-André-des-Arts à la porte Buci. C'est du haut de cette porte que plus tard Perrinet Leclerc jeta les clefs de la ville aux Bourguignons qui l'assiégeaient.

Le mur traversait alors le boulevard Saint-Germain, près de la Cour du Commerce, ouverte en 1776 sur l'emplacement des fossés de la porte des Cordeliers, appelée par la suite porte Saint-Germain, suivait la rue Monsieur le Prince et aboutissait au-dessus de la place St-Michel à la porte d'Enfer ou Saint-Michel.

L'enceinte allait ensuite se raccorder à la porte Notre-Dame des Champs, entre les rues Soufflot et Saint-Jacques, entourait la place du Panthéon, aboutissait à l'angle des rues Descartes et Fourcy à la porte Bordet ou Bordel appelée dans la suite porte Saint-Marcel ; cette porte fut démolie seulement en 1683.

Suivant la rue des Fossés-Saint-Victor, elle coupait la rue de Clovis (où l'on a retrouvé des fragments fort bien conservés, entre autres deux murs reliés par un blocage de moellons) traversait l'Ecole Polytechnique, arrivait à la porte Saint-Victor (démolie en 1684) au travers de la rue des Ecoles et gagnait la porte des Tournelles par la rue des Fossés-Saint-Bernard.

Cette porte, rebâtie sous Louis XIV, devint alors la porte St-Bernard.

Chaque porte était composée d'un bâtiment carré en pierres à plusieurs étages appelé « Bastille », flanqué de tours et solidement armé. Un pont-levis, des herses et des portes blindées en défendaient l'entrée.

Le Louvre.

Cette fortification considérable pour l'époque était complétée par un château-fort qui fut construit près des bords de la Seine sur l'emplacement d'une maison de plaisance appelée le Louvre.

Ce château avait une forme carrée, il était percé de hautes fenêtres, entouré de fossés larges et profonds, et garni de tours importantes. Au centre, une grande tour aux fenêtres grillées, aux corniches saillantes, un toit pointu, servait de donjon ; ce fut dans cette tour que plus tard on logea le trésor royal et les archives. En attendant on y plaça quelques prisonniers d'Etat, entre autres le fameux Ferrand, comte de Flandre que Philippe-Auguste ramena « enferré » de son expédition en Flandre, en 1214.

L'emplacement du château du Louvre a été déterminé exactement par des travaux historiques et des fouilles exécutées en 1866 ; des lignes de pierres blanches et noires reproduisent maintenant sur le sol, dans la grande cour du Palais, le tracé de l'ancienne forteresse. En outre, on a déblayé dans le sous-sol de nombreux caveaux et souterrains que quelques privilégiés sont admis à visiter à certains jours de la semaine.

L'Enceinte de Charles V.

En 1356, Etienne Marcel, alors prévôt des marchands craignant de voir les troupes anglaises marcher sur la capitale, ordonna une réfection immédiate des vieilles fortifications et leur extension du côté Nord. Les travaux furent menés avec la plus grande activité.

La nouvelle enceinte partait de la « Tour qui fait le Coin » ou « Tour de Bois » traversait la galerie nord du Louvre, arrivait à la porte St-Honoré (place du Théâtre Français), coupait la rue Richelieu, passait sur l'emplacement du Palais-Royal, tournait à gauche, aboutissait à la Banque de France, gagnait la rue d'Aboukir où s'ouvrait la nouvelle porte Montmartre, la suivait jusqu'à la rue St-Denis, où il y avait une porte, puis jusqu'à la rue Saint-Martin, nouvelle porte, et enfin suivait la rue Meslay, englobait l'enclos du Temple dont le mur se trouvait dans la partie méridionale de la place de la République (porte du Temple) et suivait le boulevard Beaumarchais jusqu'à la Bastille (porte Saint-Antoine). De là, contournait l'arsenal et se terminait à la Seine par la tour de Billy (extrémité du boulevard Bourdon).

Sur la rive gauche, on se contenta de mettre les portes en état, de creuser les fossés ; toutefois on mura les portes St-Victor, d'Enfer et St-Germain.

Enfin, on construisit la tour Lorieux dans l'île Saint-Louis et on ferma le fleuve en amont et en aval par de lourdes chaînes attachées aux tours situées sur les rives.

La dépense totale fut d'environ 162.520 livres tournois (soit 1.500.000 francs), couverte en partie par un impôt sur les boissons. Les travaux durèrent quatre années. Un auteur du temps dit :

« Ils élevèrent, en même temps sur les murs d'autres petits murs en forme de parapets avec des portes et des tours, garnis de balistes, machines en bois et canons. On démolit quantité de grandes et belles maisons. »

On n'épargna rien pour que la défense fut complète ; les rues furent également barrées au moyen de chaînes, des guérites au nombre de 750 furent accrochées aux remparts pour y placer des veilleurs, les gardes furent doublées.

Ces défenses servirent tour à tour pour ou contre le roi dans les différentes guerres qui suivirent : guerres civiles, querelles avec le roi de Navarre, Charles Le Mauvais, révolte des Parisiens contre le Dauphin, etc.

La Bastille.

En 1370, le nouveau prévôt Hugues Aubriot posa la première pierre d'une forteresse destinée à compléter les fortifications à l'Est, comme le Louvre les complétait au Nord-Ouest.

Cette forteresse fut construite sur l'emplacement de la porte St-Antoine ; celle-ci comme ses similaires était flanquée d'une bastille (petit bastion). Ce nom resta au nouveau château-fort qui tout d'abord ne comprit que deux grosses tours avec une porte fortifiée ; on y adjoignit deux autres tours.

Charles V en fit bâtir quatre nouvelles et entoura toute la construction d'un fossé ; enfin, Henri II l'augmenta d'une courtine flanquée de bastion avec de larges fossés.

Les huit tours étaient ainsi appelées : du côté de la ville : Tours du Puits, de la Liberté, de la Bertaudière, de la Bassinière ; du côté de la campagne : Tours du Coin, de la Chapelle, du Trésor et de la Comté.

L'entrée de la forteresse se trouvait du côté de la rue St-Antoine et un pont-levis bien défendu en commandait les abords.

Chaque tour avait cinq étages ; les murs étaient épais, les chambres fermées par des doubles portes garnies de verrous, de serrures. La Bastille devint, comme on le sait, une prison d'Etat et fut démolie en 1789.

Depuis quelques années, le tracé de son enceinte et des diverses tours est figuré sur le sol de la place de la Bastille et de la rue Saint-Antoine au moyen de pierres blanches très visibles.

En 1900, pendant les travaux exécutés pour la construction du Métropolitain on a retrouvé une partie des soubassements de la Tour de la Liberté ; ces vestiges soigneusement extraits ont été rétablis dans leur état sur le terre plein du quai des Célestins à l'extrémité du boulevard Henri IV. En 1905, on a retrouvé les substructions du pont-levis et du corps de garde et autres parties d'un mur d'escarpe.

Disons encore, à propos de la Bastille, que le pont de la Concorde est construit en grande partie avec les pierres de la vieille forteresse, et que les clefs de celle-ci ont été, à la Révolution, déposées aux Archives Nationales.

Toujours en guerre avec l'Angleterre, Charles V perfectionna l'œuvre d'Etienne Marcel (1382-1383), multiplia les tours, exhaussa les murs termina les fossés, les fit remplir d'eau et reconstruisit une partie du château de Vincennes.

On éleva, en pierres, à cette époque, le Petit-Châtelet à l'extrémité du Petit Pont ; les murailles du Grand-Châtelet furent augmentées (démoli en 1802).

Sur la Seine de nouvelles chaînes furent établies entre la Tournelle, la tour Lorieux dans l'île Saint-Louis et l'ancienne tour Barbel sur l'Yeau, ainsi qu'entre la tour de Nesle et la « Tour qui fait le Coin. »

Sur la rive gauche, l'enclos du monastère de St-Germain-des-Prés fut également fortifié.

Grâce à ces mesures énergiques et au dévouement de ses habitants, Paris affronta les attaques des Anglais qui ne purent y pénétrer.

Le roi déclara alors pour récompenser les défenseurs que tous les habitants des faubourgs enclos dans la nouvelle enceinte, jouiraient des droits de Bourgeois de Paris jusqu'alors réservés à ceux habitant en deçà des murailles de Philippe-Auguste.

On ne conserva plus à Paris que six portes : St-Antoine (à côté de la Bastille), du Temple, St-Martin, St Denis, Montmartre et Saint-Honoré. Toutes les autres furent murées ou abattues.

Après la révolte des Maillotins, Charles VI désirant être maître des deux entrées principales de la ville fit élever une nouvelle tour à côté du château du Louvre, termina la Bastille, comme nous le disons plus haut. En outre, il fit enlever les chaînes qui barraient les rues.

Quelques années plus tard Paris tomba aux mains des Anglais.

On sait que Jeanne d'Arc conduisit les troupes royales à l'assaut des murailles. Tandis que le duc d'Alençon attaquait la porte Saint-Denis, Jeanne partit de la Butte-aux-Moulins (vers la place de l'Opéra) et dirigea ses soldats sur la porte Saint-Honoré ; mais elle fut blessée au moment où elle essayait de franchir le fossé sur des fascines. La statue qui lui a été élevée rue de Rivoli se trouve donc un peu trop à

Statue de Jeanne d'Arc.

l'ouest puisque la porte occupait alors l'emplacement de la place du Théâtre-Français exactement entre les deux fontaines.

La blessure de la Pucelle fit échouer l'attaque et la ville resta cette fois aux mains des Anglais. Toutefois, Paris fut repris le 13 avril 1434 par Dunois et le comte de Richemond.

En prévision d'une nouvelle attaque des Anglais, Louis XII fit, en 1513, réparer les remparts, recreuser les fossés et raser les *voiries* (dépôts d'immondices) qui formaient de véritables collines aux alentours des fortifications.

Nous avons dit que Charles V avait fait augmenter le Louvre. C'était alors une construction de quatre étages ; elle possédait trois portes flanquées de tours jumelles : la première vers la Seine, la deuxième du côté de Saint-Germain-l'Auxerrois, la troisième du côté des Tuileries.

Les tours portaient les noms suivants : De la Librairie, de Wendal, du Bois, de l'Horloge, du Fer-à-Cheval, de l'Artillerie, de la Grande-Chapelle, de la Petite-Chapelle et de la Tournelle.

François Ier fit démolir, en 1527, la Grosse-Tour du Louvre et une partie des autres, d'ailleurs en très mauvais état, pour agrandir le palais qu'il faisait édifier à proximité.

En 1544, 1552, nouvelles guerres. Les Parisiens construisent à leurs frais, entre les portes Saint-Denis et Saint-Martin de nouvelles fortifications ainsi qu'une grande plateforme entre la tour de Billy et la Seine (quai Henri IV). Chaque maison fut imposée de cinq livres.

Nous ne citerons pas les nombreux sièges et investissements de Paris pendant les guerres de religion, rappelons simplement qu'en 1589, le duc de Mayenne fit élever de nouveaux bastions et creuser de nouveaux fossés pour résister aux attaques de l'armée royale puis de Henri IV. On sait que celui-ci ne put s'emparer de la ville malgré des assauts répétés et un investissement rigoureux et qu'il ne put entrer dans la Capitale qu'après sa conversion.

L'Enceinte de Louis XIII.

Le nombre des habitants n'avait cessé de s'accroître au

cours du dernier siècle, il augmenta encore sous Louis XIII. Les faubourgs se garnissaient à vue d'œil et la ville s'étendait déjà fort loin, on proposa alors au roi de créer une nouvelle enceinte entre la porte Saint-Denis et la porte de la Conférence (démolie en 1730), englobant les Tuileries. En 1634, un sieur Charles Froger obtint la concession des travaux. Deux nouvelles portes furent construites : l'une au commencement du faubourg Montmartre, l'autre entre ce faubourg et la porte Saint-Honoré, on l'appela porte de Richelieu (démolie en 1695).

L'ancienne porte Saint-Honoré fut abattue et une nouvelle élevée à l'entrée de la rue Neuve-Saint-Honoré, au coin de la rue Royale (démolie en 1733).

Les remparts qui réunissaient ces portes suivaient la ligne actuelle des grands boulevards construits d'ailleurs plus tard sur leur emplacement.

Les anciens remparts démolis, on perça de nouvelles voies sur leur parcours : la rue de Cléry, la rue du Mail, la rue Neuve-Saint-Eustache (Aboukir), la rue de Richelieu, la rue Notre-Dame-des-Victoires, la rue Sainte-Anne et la rue Neuve-des-Petits-Champs.

En creusant pour faire les fondations des nouvelles fortifications, on trouva une épée à poignée d'or, ornée de pierres précieuses, dont on ne put connaître la provenance et qui fut offerte au roi.

Sous Louis XIV, en souvenir des guerres heureuses du Grand Roi, on construisit, en 1672, à la porte Saint-Denis, l'arc-de-triomphe que nous voyons actuellement. Œuvre de François Blondel il nécessita une dépense de 500.000 francs.

En 1674, ce fut le tour de la Porte Saint-Martin élevée sur les plans de Pierre Bulet.

D'ailleurs, à cette époque, les fortifications de Paris paraissaient inutiles. Habitué aux succès, Louis XIV disait que la capitale d'un grand Roi et d'un grand royaume ne devait point avoir de remparts.

Partant de ce principe, il laissa tomber en ruines l'enceinte de la Capitale, démolit quelques portes, fit combler les fossés depuis la porte du Temple jusqu'à la porte de la Conférence, fit planter des arbres sur le terre-plein et transforma ainsi en promenades les « boulevards » des fortifications.

Ces endroits ombragés, d'un passage facile, ne tardèrent pas à acquérir une grande vogue et il fut de mode au milieu du xviiie siècle de délaisser le Palais-Royal et les Tuileries pour se montrer sur les « boulevards ». Le nom est resté dans la langue et désigne encore actuellement la grande artère centrale du Paris de la rive droite. Sur la rive gauche, il en fut de même, mais de ce côté on démolit presque toutes les portes n'installant à leur place que de simples barrières.

En 1777, on combla les fossés de la partie comprise entre la porte Saint-Antoine et celle du Temple et on forma à cet endroit, ainsi que cela s'était pratiqué sous Louis XIV pour les fortifications du Nord, une rue Basse-du-Rempart qui subsiste encore sous le nom de rue Amelot.

On sait que l'autre rue Basse-du-Rempart a existé parallèlement aux grands boulevards jusqu'en ces dernières années ; le dernier tronçon, près de la Madeleine, a disparu au printemps de 1902.

L'Enceinte des Fermiers Généraux.

Les fermiers généraux ne tardèrent pas à protester contre l'état de choses.

« On entrait dans Paris, dit en 1779, Hurtaut, dans son *Dictionnaire historique*, par soixante barrières qui sont construites à la tête et à l'issue des fauxbourgs. Il n'y en a cependant que 24 principales qui conduisent aux différentes grandes routes de terre et où se payent et s'acquittent les droits de toutes les denrées qui entrent dans cette ville pour l'usage et la consommation de ses habitants. »

Voici la liste des barrières, d'après M. Alfred Delvau dans son *Histoire anecdotique des barrières de Paris* : Barrière des Anglaises (faubourg Saint-Marceau); Barrière Sainte-Anne (rue Poissonnière); Barrière d'Antin (chaussée d'Antin); Barrière Saint-Antoine (faubourg Saint-Antoine); Barrière Saint-Bernard (quai Saint-Bernard); Barrière Blanche (rue Saint-Lazare); Barrière des Carmes (rue de Vaugirard);

Barrière de Chaillot (près le Roule); Barrière des Champs-Elysées (grille des Champs-Elysées); Barrière de Charonne (rue de Charonne); Barrière des Chartreux (rue de la Bourbe); Barrière de Clamart (Marché aux chevaux); Barrière de Clichy (rue de Courcelles); Barrière de la Conférence (Cours-la-Reine); Barrière de Courcelles (auprès du pavillon du duc de Chartres, vers Monceau); Barrière de la Courtille (faubourg du Temple); Barrière de la Croix-Faubin (faubourg Saint-Antoine); Barrière Saint-Denis (faubourg Saint-Denis); Barrière Saint-Dominique (rue Saint-Dominique); Barrière de la Folie-Regnault (faubourg Saint-Antoine); Barrière Saint-Germain (esplanade des Invalides); Barrière des Gobelins (devant l'établissement); Barrière de Grenelle (extrémité de la rue de ce nom); Barrière Saint-Honoré (rue Royale); Barrière de l'Hôpital (Salpêtrière); Barrière Saint-Jacques (faubourg Saint-Jacques); Barrière du Jardin-du-Roi (rue du Fer-à-Moulin); Barrière Saint-Laurent (faubourg Saint-Laurent); Barrière Saint-Lazare (faubourg Saint-Lazare); Barrière de Lourcine (rue de Lourcine); Barrière Saint-Marcel (rue des Fossés-Saint-Marcel); Barrière Saint-Martin (faubourg Saint-Martin); Barrière du Marché aux chevaux (rue de Poliveau); Barrière de Ménilmontant (chemin de Ménilmontant); Barrière Saint-Michel (faubourg Saint-Michel); Barrière Montmartre (faubourg de ce nom); Barrière de Montreuil (rue de Montreuil); Barrière de Monceaux (près de la rue de ce nom); Barrière de Notre-Dame-des-Champs (rue de ce nom); Barrière de Picpus (faubourg Saint-Antoine); Barrière Plumet (rue de Babylone); Barrière de la Pologne (Chaussée-d'Antin); Barrière des Porcherons (rue des Martyrs); Barrière des Poules (rue de Charenton); Barrière de Rambouillet (rue de ce nom); Barrière de la Rapée (fossés de la Bastille); Barrière de Reuilly (rue de ce nom); Barrière de la Rochefoucault (Nouvelle-France); Barrière de la Roulette (rue des Modeurs); Barrière du Roule (faubourg de ce nom); Barrière de Sèvres (rue du même nom); Barrière du Temple (faubourg du Temple); Barrière de Varenne (rue de ce nom); Barrière de Vaugirard (rue des Vieilles Thuileries); Barrière Saint-Victor (rue de ce nom); Barrière de la Ville-l'Evêque (rue de l'Arcade); en outre, les quatre barrières par eau : Barrières du Port de la Conférence, de la Rapée, du port Saint-Paul et du port Saint-Nicolas.

De nombreux commis veillaient à ces barrières sous la direction d'inspecteurs à pied et à cheval, de contrôleurs et de brigadiers ; néanmoins la fraude était grande.

C'est alors que les fermiers généraux s'adressèrent au ministre Calonne et obtinrent de lui, en 1784, l'autorisation d'enfermer Paris dans une vaste enceinte.

Dulaure raconte ainsi la chose :

« On en plaisantait, on en riait comme d'une absurdité, comme d'une folie... En conséquence, dès le mois de mai, on a vu décharger sur les boulevards neufs, vingt mille voitures de pierres et de moellons et l'on a su que le projet était passé au conseil et alloit s'exécuter pour essai, depuis la rivière jusqu'aux Invalides. Il s'est alors élevé des murmures considérables ; de grands seigneurs ayant des hôtels et des maisons de plaisance en cette partie ont formé des oppositions à l'exécution. Depuis ce temps elle était restée en suspens et l'on se flattait qu'elle n'aurait peut-être pas lieu. Mais il y a trois semaines qu'on y a mis des ouvriers et les travaux sont commencés. C'est un nommé Pécoul, architecte maître maçon entrepreneur, qui est à la tête ».

Lorsqu'en 1786 l'enceinte du midi de Paris fut terminée, que l'on eût entrepris celle du Nord et qu'on eût englobé les villages de Chaillot, du Roule, de Monceau, de Clichy, on attaqua le territoire de Montmartre ; les habitants et l'abbesse de ce village firent de vives réclamations qui obligèrent les entrepreneurs à faire subir à la ligne de circonvallation un angle rentrant, encore visible par l'inflexion du boulevard de Clichy près de la place Moncey.

A la fin de 1786, on s'occupa de jalonner du côté de Picpus ; il y eut encore des difficultés. Un propriétaire, fils du peintre Restout, s'opposa tant qu'il put à cette usurpation et quand il demanda de quel droit on lui enlevait sa propriété, un maître des requêtes, nommé de Colonia, lui répondit : « Le droit canon ».

Il est tout naturel de penser que cette muraille ne devait pas plaire aux habitants, principalement aux propriétaires, cabaretiers, maraîchers qui se trouvaient dès lors grevés d'impôts auxquels ils n'étaient point sujets auparavant.

Quelques-uns intentèrent des procès aux fermiers généraux qui laissèrent faire et poursuivirent leur œuvre, prétextant que c'était là le seul remède à apporter pour la répression de la contrebande qui, disaient-ils, les ruinaient.

On sait que, toujours frondeurs, les Parisiens firent circuler partout ce vers :

Le mur murant Paris rend Paris murmurant

ainsi que cette épigramme :

Pour augmenter son numéraire
Et raccourcir notre horizon
La Ferme a jugé nécessaire
De mettre Paris en prison.

Aujourd'hui, il n'y aurait pas eu moins de protestations et plus d'un loustic aurait répété la scie d'il y a quelques années : *As-tu vu la Ferme ?*

Ce fut l'architecte Ledoux qui fut chargé d'élever les massifs édifices qui, ainsi que deux bastilles, devaient protéger chaque barrière et servir de logement aux gabelous ; il s'arrangea de façon que ces constructions pussent au besoin servir pour défendre les entrées de la Capitale. On en peut voir encore quelques échantillons place du Trône et place Denfert-Rochereau.

Dulaure dit à ce propos :

« L'architecte voulant donner des preuves de la fécondité de son imagination, n'en a souvent prouvé que les écarts. On voyait avec mécontentement et murmures de fastueux édifices consacrés à une perception oppressive pour toutes les classes de la société et du commerce ».

En tous les cas, on profita de la chute du ministre Calonne, en 1787, pour demander à nouveau, au Conseil, la suppression des travaux. Le nouveau ministre, M. de Brienne, rendit un arrêt conforme, mais alla cependant visiter la nouvelle enceinte presqu'entièrement terminée. Il revint de sa promenade complètement transformé et au lieu de faire démolir ce qui était construit se contenta de suspendre les quelques travaux restant à faire.

2

A la date du 16 janvier 1789, on décida de compléter le mur. Le bureau des finances de la Ville rendit une ordonnance relative aux chemins de ronde à tracer sur une largeur de 36 pieds en dedans de l'enceinte, pour former un chemin d'isolement devant plus tard se transformer en rue.

Les fermiers généraux peu pressés de payer les terrains nécessaires n'achetèrent qu'une zone de 5 mètres 80, de sorte que, plus tard, la Ville fut obligée de payer elle-même aux propriétaires ce qui était utile pour l'exécution complète de l'alignement.

On comptait 46 chemins de ronde dont la longueur totale était de 19.908 mètres ; ils furent transformés en boulevards en 1860.

Au moment de la Révolution, le peuple mit le feu à quelques barrières et perça des brèches dans le mur.

Un décret de la Convention du 13 Messidor, an II, ordonna ce qui suit :

« Les bâtiments nationaux désignés sous le nom de barrières de Paris sont érigés en monuments publics. Les diverses époques de la Révolution et les victoires remportées par les armées de la République sur les tyrans y seront gravées incessamment en caractères de bronze. Le Comité de Salut Public est autorisé à prendre toutes les mesures pour la prompte exécution de ce décret en invitant les gens de lettres et les artistes à concourir et à composer des inscriptions ».

Ce projet n'eut pas de suite.

En l'an V, le Directoire établit un octroi municipal de bienfaisance, dont le produit devait être destiné aux hôpitaux. On répara donc le mur et on logea de nouveaux commis dans les bâtiments de chaque barrière ; ils y restèrent jusqu'à la fin de 1859.

Voici d'après Gourdon de Genouillac (*Paris à travers les siècles*), à qui nous avons emprunté certains détails qui précèdent, la liste des barrières qui furent construites de 1784 à la fin de l'Empire.

Les Barrières.

La barrière des Amandiers, qui devait son nom à la rue qui y aboutit, était située en face de la terrasse du cimetière du Père-Lachaise ; ses deux petits pavillons furent reconstruits en 1837 par l'architecte Jay ; elle avait un bâtiment principal rectangulaire, surmonté d'un couronnement. Elle était à 320 mètres de celle de Ménilmontant.

La barrière d'Aunay, qu'on nomma en 1790 barrière Folie-Regnault, puis barrière Saint-André, tirait son nom d'Aunay, une ferme de ce nom située à un kilomètre. Elle était à 320 mètres de celle des Amandiers et se composait d'un bâtiment avec colonnes et arcades ; elle fut fermée en 1810.

La barrière de Belleville, tirant son nom de la commune de Belleville ; elle était composée de deux bâtiments avec péristyles, placée à 290 mètres de la Chopinette.

La barrière de Bercy, qui dût son nom au village, était ornée de deux bâtiments ayant chacun deux péristyles et douze colonnes. A 800 mètres de celle de Charenton.

La barrière Blanche qui se composait d'un seul bâtiment avec trois arcades au rez-de-chaussée ; elle se nommait originairement barrière de la Croix-Blanche (du nom d'une enseigne voisine) dénomination primitive affectée à la rue Blanche. A 480 mètres de la barrière Clichy.

La barrière de la Boyauderie qui devait son nom à la rue qui « venait aboutir devant son dôme, sa grille et sa guérite ». A 500 mètres de celle de Pantin.

La barrière de la Chapelle, appelée aussi barrière Saint-Denis ; son bâtiment était à quatre façades avec attique et couronnement. A 900 mètres de la barrière Poissonnière.

La barrière de Charenton, qui dut son nom au village où elle conduit ; elle fut appelée en 1800 barrière de Marengo et reprit son nom en 1815. Elle se composait de deux bâtiments ayant chacun deux péristyles de six colonnes. A 500 mètres de celle de Reuilly.

La barrière de la Chopinette, située à l'extrémité de la rue du Buisson-Saint-Louis, tirait son nom des guinguettes qui l'environnaient ; elle était décorée d'un bâtiment avec deux arcades entourées chacune de dix colonnes. A 600 mètres de celle du Combat.

La barrière de Clichy, située à l'extrémité de la rue du même nom, se composait d'un seul bâtiment. A 800 mètres de celle de Monceau.

La barrière du Combat, à l'extrémité de la rue Grange-aux-Belles, s'appelait aussi barrière de Pantin et tirait son nom d'un combat d'animaux établi aux environs. A 10 mètres de celle de la Boyauderie.

La barrière de Courcelles, à l'extrémité de la rue de Chartres-du-Roule, dut son nom au village où elle mène ; elle était décorée d'un bâtiment dont le pourtour était orné de vingt-quatre colonnes. A 580 mètres de la barrière du Roule.

La barrière Croulebarbe, qui se trouvait sur le boulevard des Gobelins, dut son nom à un moulin voisin; pas de bâtiment. A 680 mètres de celle d'Italie.

La barrière de la Cunette, à l'extrémité du quai d'Orsay ; une cunette ou fossé de fortification, établie jadis en cet endroit, lui donna son nom. Elle se composait d'un seul bâtiment à deux arcades avec colonnes et frontons. A 500 mètres de celle de Grenelle.

La barrière des Deux-Moulins, boulevard de l'Hôpital, en face de la rue du Marché-aux-Chevaux, dut son nom aux moulins de la Salpêtrière. En 1818, le mur d'enceinte, qui était sur le boulevard, ayant été reculé jusqu'au-delà des rues Bruant et Bellièvre, la barrière dut être reportée là. A 300 mètres de celle d'Ivry.

La barrière de l'Ecole militaire, située à l'extrémité de l'avenue de Lowendall ; elle consistait en deux bâtiments ayant chacun deux pavillons. A 300 mètres de la barrière des Paillassons

La barrière d'Enfer, qui dut son nom à sa situation, à l'extrémité de la rue d'Enfer. Elle se composait de deux pavillons à arcades, que l'on peut encore voir aujourd'hui. A 500 mètres de la barrière Saint-Jacques.

La barrière de l'Etoile fut construite en 1787, elle était décorée de deux bâtiments ornés chacun dans leur pourtour de vingt colonnes. Un couronnement circulaire terminait ces édifices qui étaient d'un grand aspect ; cette barrière devait son nom à la place de l'Etoile où elle était située. On l'appelait aussi barrière de Neuilly. A 500 mètres de celle des Réservoirs.

La barrière d'Italie, de Fontainebleau, Mouffetard ou des Gobelins. Son premier nom fut celui de Mouffetard ; en 1806, on lui donna celui d'Italie parce qu'elle commandait la route conduisant dans ce pays ; à 500 mètres de celle d'Ivry. Ses deux pavillons furent démolis en 1879 par la construction de la mairie du xiiie arrondissement.

La barrière de Fontarabie, qui dut son nom à un petit village voisin, était aussi appelée barrière de Charonne parce qu'elle conduisait au village de Charonne. Elle.se composait d'un bâtiment à trois arcades et se trouvait distante de 520 mètres de la barrière des Rats.

La barrière des Fourneaux, au bout de la rue de ce nom ; on la nomma aussi barrière de la Voirie, à cause d'une voirie qui se trouvait dans le voisinage. Elle consistait en deux bâtiments avec colonnes surmontées d'un tambour. A 650 mètres de la barrière du Maine.

La barrière Franklin, à Passy, ne comprenait qu'un petit bâtiment fort simple. A 360 mètres de celle de Passy.

La barrière de la Gare était située originairement à l'extrémité du quai d'Austerlitz. Elle fut reculée en 1818. Deux petits pavillons construits en 1832 décoraient cette barrière qui dut son nom à une gare projetée.

La barrière de la Glacière, entre les boulevards des Gobelins et Saint-Jacques, dut son nom au village de la Glacière, mais on l'a appelée aussi barrière de Lourcine à cause de sa proximité avec la rue de ce nom ; elle se composait d'un seul bâtiment à deux péristyles, chacun de trois colonnes. A 220 mètres de la barrière Croulebarbe.

La barrière de Grenelle, à l'extrémité de la rue Dupleix ; on l'appela, en 1792, barrière des Ministres. Elle était décorée de deux bâtiments avec péristyles à pilastres carrés. A 750 mètres de celle de l'Ecole militaire.

Une barrière d'Iéna fut ouverte en 1815 en face le pont de ce nom ; ses deux petits pavillons étaient de M. Jouy.

La barrière de Longchamps qui dut son nom à l'abbaye de Longchamps ; elle se composait d'un bâtiment à quatre frontons et quatre arcades. Distante de 500 mètres de celle de Sainte-Marie.

La barrière du Maine, située à l'extrémité de l'avenue du même nom, se composait de deux bâtiments décorés de colonnes et de sculptures. A 400 mètres de la barrière Montparnasse.

La barrière des Martyrs, ainsi appelée en mémoire des martyrs saint Denis et ses compagnons qu'on prétendait avoir été décapités à Montmartre. Elle se composait d'un bâtiment présentant un grand cintre avec pilastre; à 200 mètres de la barrière Pigalle. On l'appela aussi barrière Montmartre.

La barrière Ménilmontant, qui tirait son nom du village de Ménilmontant. Elle était ornée de deux bâtiments ayant chacun trente-deux colonnes avec arcades. Elle était à 600 mètres de la barrière des Trois-Couronnes.

La barrière de Monceau, à l'extrémité de la rue du Rocher, tirait son nom du village de Monceau; elle était ornée d'un bâtiment à deux péristyles avec colonnes à bossages. A 780 mètres de celle de la Rotonde de Chartres.

La barrière Montparnasse, à l'extrémité de la rue de ce nom; ornée de deux bâtiments à deux péristyles avec colonnes. A 1.000 mètres de la barrière d'Enfer.

La barrière de Montreuil, à l'extrémité de la rue de ce nom, ornée d'un bâtiment à deux façades de six colonnes à bossages. A 680 mètres de la barrière de Fontarabie.

Une barrière, dite de Montrouge, fut ouverte en 1854, à hauteur de la rue Campagne-Première, sur le boulevard d'Enfer, presque en face le cimetière du Sud.

Une autre barrière, dite de la Motte-Picquet, fut ouverte en 1810, à l'extrémité de l'avenue de ce nom au point de jonction du boulevard de Grenelle.

La barrière des Paillassons, située à l'extrémité de la rue de Ségur. Elle tirait son nom d'une fabrique de paillassons du voisinage et se composait d'un bâtiment à deux faces à deux arcades et colonnes; cette barrière fut fermée vers 1810. A 450 mètres de la barrière de Sèvres.

La barrière de Pantin, à l'extrémité de la rue du chemin de Pantin, consistait en un pavillon triangulaire avec trois péristyles et un dôme. A 100 mètres de celle de la rotonde Saint-Martin.

La barrière de Passy, à l'extrémité du quai de Billy, se composait d'un bâtiment orné de douze colonnes, de deux arcs et quatre frontons. Deux statues colossales, à l'entrée de la barrière, représentaient la Bretagne et la Normandie. Originairement, on l'appela barrière des Bonshommes, par suite du voisinage du couvent des Minimes, puis on la nomme barrière de la Conférence en souvenir de l'ancienne porte de ce nom.

La barrière de Picpus, à l'extrémité de la rue de Picpus ; elle était décorée d'un bâtiment avec quatre péristyles et attique. A 650 mètres de celle de Saint-Mandé.

La barrière Pigalle, à l'extrémité de la rue du même nom ; on la nomma d'abord barrière Royale, puis barrière Montmartre ; elle était décorée d'un bâtiment à quatre façades avec colonnes et massifs vermiculés. A 450 mètres de la barrière Blanche.

La barrière Poissonnière, à l'extrémité du faubourg de ce nom ; aucun monument ne la décorait. Ce ne fut qu'en 1838 qu'on y construisit un bâtiment assez lourd et sans caractère, à 200 mètres de la barrière Rochechouart.

La barrière de la Rapée, située à l'extrémité du quai du même nom, décorée d'un petit bâtiment. On y construisit deux autres pavillons au commencement de l'Empire. A 200 mètres de la barrière de Bercy.

La barrière des Rats, ainsi appelée parce qu'elle était située à l'extrémité de la rue des Rats, était ornée d'un bâtiment à deux péristyles de quatre colonnes chacun ; elle fut fermée en 1840. A 180 mètres de celle d'Aunay.

Une barrière fut ouverte, en 1848, sous le nom de barrière de la Réforme sur le chemin de ronde de Clichy, à l'endroit traversé aujourd'hui, par la rue de Rome ; elle fut fermée un peu avant 1859.

La barrière des Réservoirs, à l'extrémité de la rue du Chemin de Versailles ; elle devait son nom aux réservoirs ou bassins de la pompe à feu de Chaillot, aussi l'appelait-on encore barrière des Bassins. Elle fut fermée en 1840 ; elle se composait d'un petit bâtiment avec quatre frontons surmontés d'un tambour. A 700 mètres de la barrière de Longchamps.

La barrière de Reuilly, à l'extrémité de la rue de ce nom, était formée d'une assez jolie rotonde ; son nom lui venait de l'ancien château de Reuilly. Distante de 350 mètres de celle de Picpus.

La barrière de Riom, à l'extrémité de la rue de l'Orillon, s'appelait aussi la barrière de Ramponneau, en souvenir du cabaret fameux qui se trouvait dans les environs. On l'appelait aussi barrière de l'Orillon ; elle était à 200 mètres de la porte de Belleville.

La barrière Rochechouart, à l'extrémité de la rue de ce nom ; ce ne fut qu'en 1826 que les bâtiments furent élevés. On la nommait aussi barrière du Télégraphe, en raison du voisinage du télégraphe aérien établi sur la butte Montmartre. A 500 mètres de celle des Martyrs.

La barrière de la Roquette, à l'extrémité de la rue de ce nom ; ouverte en 1820.

La barrière de la Rotonde de Chartres sur le boulevard Monceau ; elle était composée d'une jolie rotonde qu'on a conservée et qui forme une des entrées du parc Monceau.

La barrière de la Rotonde Saint-Martin. A 100 mètres de celle de la Villette.

La barrière du Roule, située à l'extrémité du faubourg, se composait d'un bâtiment décoré de quatre avant-corps avec couronnement et dôme. A 420 mètres de celle de Neuilly.

La barrière Saint-Jacques s'appelait autrefois la barrière d'Arcueil ; elle était sur le boulevard Saint-Jacques et consistait en un bâtiment à huit arcades et à deux frontons. A 480 mètres de la barrière de la Santé.

La barrière de Saint-Mandé, située à l'extrémité de l'avenue du Bel-Air ; elle était décorée d'un bâtiment avec deux façades. A 400 mètres de celle du Trône.

La barrière de Sainte-Marie, à l'extrémité de la rue de Lubeck ; elle devait son nom au couvent de la Visitation de Sainte-Marie et se composait de deux bâtiments avec façade et cintre ; elle fut fermée sous le règne de Louis-Philippe. A 550 mètres de la barrière Franklin.

La barrière de la Santé, située boulevard Saint-Jacques, vers la rue de la Santé. A 220 mètres de la porte de la Glacière.

La barrière de Sèvres, à l'extrémité de la rue de ce nom ; elle se composait d'un bâtiment orné sur ses quatre faces de porches comprenant trois arcades sur colonnes accouplées. Ce pavillon était terminé par un petit étage en attique éclairci par trois mezzanines. A 300 mètres de la porte de Vaugirard.

La barrière des Trois-Couronnes, située à l'extrémité de la rue de ce nom ; elle consistait en un bâtiment avec arcades et colonnes. Elle devait son nom à l'enseigne d'un cabaret voisin. A 300 mètres de celle de Riom.

La barrière du Trône, tirait son nom de la place où elle était située. En 1793, on l'appela barrière du Trône Renversé, puis barrière de Vincennes, mais le peuple l'a toujours appelée barrière du Trône. Deux bâtiments carrés, qui existent encore, l'accompagnaient. On y accède par un porche dont l'arc est soutenu par des pilastres ; les façades sont terminées par une corniche avec consoles, quatre frontons et un couronnement circulaire. Deux superbes colonnes de 75 pieds de hauteur avec piédestaux formant corps de logis furent élevés auprès. Par délibération du Conseil municipal du 3 décembre 1841, les statues de saint Louis et de Philippe Auguste furent placées au sommet de ces colonnes qui ornent encore actuellement le cours de Vincennes. Cette barrière était à 400 mètres de celle de Montreuil.

La barrière de Vaugirard à l'extrémité de la rue de ce nom ; elle consistait en deux bâtiments carrés à 300 mètres de celle des Fourneaux.

La barrière des Vertus, à l'extrémité de la rue Château-Landon, tirait son nom du village d'Aubervilliers ou Notre-Dame-des-Vertus. Elle était formée d'un bâtiment avec deux péristyles et un fronton. A 300 mètres de celle de La Chapelle.

Enfin, la barrière de la Villette, située à l'extrémité du faubourg Saint-Martin, s'appelait primitivement barrière de Senlis, mais sous le Directoire, un arrêté du 24 Thermidor an VI lui donna le nom de la Villette. Elle était magnifique et d'une construction grandiose ; elle se trouvait à 300 mètres de celle des Vertus.

Pendant la Révolution et l'Empire on ne toucha plus à l'enceinte de Paris. En 1814, quelques retranchements furent élevés à la hâte du côté de Saint-Denis et les portes de Paris quelque peu renforcées à l'approche des ennemis.

On sait que, dans ces conditions, les alliés purent approcher rapidement de la ville et le 31 mars, après un combat d'une journée, malgré l'acharnement de Marmont, la faire capituler. Des défenses superbes furent faites aux différentes barrières, entre autres à celle de Clichy où s'immortalisaient Moncey et l'Ecole Polytechnique ; cette résistance héroïque fut fixée sur la toile pour la postérité par le maître H. Vernet.

Pendant les Cent-jours, en 1815, Napoléon instruit par l'expérience, voulut compléter la ceinture défensive de la capitale et il consulta Carnot sur la possibilité de la construction rapide d'une fortification continue. L'*Organisateur de la Victoire* lui répondit que cela coûterait 200 millions et demanderait trois années de travail, mais qu'après les murailles élevées cela n'empêcherait pas un ennemi audacieux avec 60.000 hommes de bonnes troupes et un assaut de vingt-quatre heures, de s'emparer de la ville.

On a vu, en 1870, que Carnot s'était trompé et qu'il fallut aux Allemands une force considérable, quatre mois de siège et l'impéritie de certains généraux français pour venir à bout de Paris fortifié et bien défendu.

Napoléon voulut cependant faire quelque chose ; il chargea le général Haxo de construire une double ligne de retranchements autour de la ville, principalement au sud, vers la plaine de Montrouge qui, en 1814, avait été complètement dégarnie.

Les travaux furent poussés activement, mais, la campagne ayant été considérablement raccourcie par le désastre de Waterloo, les défenses n'étaient pas prêtes à l'arrivée des alliés. D'ailleurs, elles n'auraient point servi à ce moment, Napoléon ayant abdiqué quelques jours auparavant.

Ce fut seulement en 1836 qu'on s'occupa à nouveau des fortifications de Paris.

L'Enceinte actuelle.

Louis-Philippe créa le 29 avril 1836 une Commission de défense du royaume. Un des premiers soins de celle-ci fut d'examiner les conditions dans lesquelles on pourrait augmenter les moyens de sécurité de la capitale.

Après de longues délibérations, elle fut d'avis qu'en raison de la grande importance de Paris, il y avait nécessité de la fortifier, suivant le double système adopté pour les dépôts de la marine. Elle proposa d'établir à la fois une enceinte continue autour de la Cité et, au loin, des ouvrages avancés ; elle estima que l'enceinte continue devait être pourvue de faces et de flancs terrassés dont l'artillerie battrait les approches et éclairerait le terrain en avant et que son profil devait la mettre non seulement à l'abri d'une escalade, mais encore en état de résister à des batteries ennemies qui s'établiraient momentanément entre les ouvrages avancés et que, ceux-ci, devaient être organisés de manière à pouvoir soutenir, au besoin, un siège.

Le Conseil des Ministres délibéra sur ces bases et grâce à l'énergie de Thiers, il arrêta, en 1840, qu'il serait établi l'enceinte et les forts proposés. Le général Dode de la Brunerie fut nommé directeur supérieur des travaux.

Le ministère Guizot poursuivit l'œuvre de son prédécesseur et, le 12 décembre 1840, le maréchal Soult, ministre de la Guerre, vint déposer sur le bureau de la Chambre des Députés un projet de loi mettant 140 millions à sa disposition pour les travaux de défense.

Le 1er août 1841 seulement, la loi fut votée et les constructions commencèrent aussitôt.

L'enceinte, qui existe toujours, comprend un rempart continu en pierres de taille et meulières et terrasse d'au moins 10 mètres d'escarpement, bastionné avec fossé en avant et un glacis couvrant les murs d'escarpe. 94 bastions sont ainsi formés et la défense exige près de 700 canons.

26 bastions sont sur la rive gauche et 68 sur la rive droite.

L'enceinte commence à la Seine près de Charenton, fait un coude, passe à Saint-Mandé, se dirige en ligne droite vers Romainville, prend alors sur la hauteur la direction Est-Ouest jusqu'aux Prés-Saint-Gervais. De là, elle remonte vers le Nord, traverse le canal de Saint-Denis et continue vers l'avenue de Saint-Ouen ; à ce point elle forme un angle et passe vers la porte Maillot où elle forme un rentrant. Elle se dirige alors vers le Point-du-Jour en longeant le Bois-de-Boulogne.

Sur la rive gauche, elle repart à 1.000 mètres environ en amont, enferme Grenelle, Vaugirard, le petit Montrouge, le petit Gentilly, Austerlitz, fait une espèce de fer à cheval et se termine à la Seine à l'extrémité du parc de Bercy, en face du commencement de l'enceinte de la rive droite.

Cette muraille, qui englobe une superficie de 7.802 hectares, a 39 kilomètres de développement et est bordée, à l'intérieur, d'un large boulevard militaire qui se subdivise en plusieurs tronçons auxquels on a donné les noms suivants des maréchaux du Premier Empire :

Rive droite : Boulevards Poniatowski, Soult, Davout, Mortier, Sézurier, Macdonald, Ney, Bessières, Berthier, Gouvion-Saint-Cyr, Lannes, Suchet, Murat ;

Rive gauche : Masséna, Kellermann, Jourdan, Brune, Lefebvre et Victor.

Au début, le nombre des passages pratiqués dans ces fortifications étaient de 52.

Dix-sept portes correspondant aux grandes routes :

Ce sont les portes de Charenton, de Vincennes, de Bagnolet, de Romainville, d'Allemagne, de la Villette, de la Chapelle Saint-Denis, de Saint-Ouen, de Cherbourg, de Saint-Cloud, de Versailles, de Chevreuse, de Toulouse, d'Antibes, de Choisy, d'Ivry et de Bâle.

Vingt-trois barrières correspondant à des routes départementales :

Ce sont les barrières de Bercy, de Reuilly, de Picpus, de Saint-Mandé, de Montreuil, de Ménilmontant, des Prés-Saint-Gervais, du Canal de l'Ourcq, du Canal de Saint-Denis, d'Aubervilliers, de Clignancourt, de Courcelles, de Villiers, de la Révolte, du Roule, du Point-du-Jour, de Sèvres, d'Issy, de la Plaine, de Plaisance, de Montrouge, d'Arcueil et de Bicêtre.

Douze poternes correspondant à des chemins vicinaux :

Ce sont celles de Montempoivre, de Pantin, des Poissonniers, de Montmartre, de Clichy, de Levallois, d'Auteuil, de Billancourt, de Javel, de Vanves, de Gentilly et de Bièvre.

Toutes ces dénominations furent assez critiquées en leur temps, car quelques-unes sont tout à fait fantaisistes et n'indiquent point exactement leur emplacement ; certaines furent changées dans la suite.

Depuis, quelques autres poternes et barrières ont été percées pour la commodité de la circulation ou pour le passage des diverses lignes de chemin de fer ; il y a actuellement 59 portes, barrières ou poternes.

L'enceinte était complétée par des forts et redoutes situées à quelque distance, en moyenne trois kilomètres ; ces forts, qui existent encore tous, étaient ceux de Charenton et de Nogent, reliés entre eux par les redoutes de Gravelle et de la Faisanderie, de Vincennes, de Rosny et de Noisy reliés par les redoutes de Montreuil et de la Boissière, de Romainville, d'Aubervilliers, de l'Est, relié par la Double-Couronne du Nord à celui de la Briche, la redoute d'Argenteuil, le fort du Mont-Valérien, la redoute de Montretout, le fort d'Issy, de Vanves, la redoute de Châtillon, les forts de Montrouge, de Bicêtre et d'Ivry.

En 1860, le 1ᵉʳ janvier, les limites de l'octroi de Paris furent portées aux fortifications de 1840 et l'ancien mur de Louis XVI, devenu inutile, fut démoli entièrement. On ne conserva que les quelques portes dont nous avons parlé plus haut.

C'est dans cet état que Paris apprit la déclaration de la guerre de 1870. Les premiers revers stimulèrent les autorités compétentes et le 26 août de nouveaux travaux de défense furent entrepris.

Les forts furent armés et renforcés ; les fortifications de la capitale mises en état, garnies de chevaux de frise, de banquettes, de traverses ; les portes furent transformées en passages fermés par des ponts levis ; les ponts de chemin de fer traversant l'enceinte démolis ; les fossés remplis d'eau, etc.

Nous ne rappellerons pas les tristes épreuves du siège mémorable, disons seulement, qu'après la paix, les murailles de Paris étaient fort endommagées et que plusieurs forts étaient détruits. Tout fut remis en état en peu de temps.

Le Camp retranché.

Un Comité de la défense examina alors s'il n'y avait pas lieu de reporter beaucoup plus loin la ceinture de forts devant protéger la capitale. Sur sa proposition, le 26 mars 1874, le Parlement décida la construction de nombreux travaux de défense aux alentours.

Paris est ainsi devenu le réduit de tout le système défensif du Nord-Est de la France. La ceinture de ses forts nouveaux, détachés à grande distance, peut être divisée en trois groupes distincts formant autant de centres de résistance formidables.

Le premier groupe au Nord-Est couvre la région comprise entre la Seine, aval de Paris et la Marne. Ce sont les forts de Cormeilles et ses annexes, formant la presqu'île de Houilles, de Domont, de Montlignon et de Montmorency, couronnant le plateau de Montmorency et devant appuyer la défense mobile de la forêt de Montmorency, les forts d'Ecouen et de Stains, ceux de Vaujours et de Chelles, entre le canal de l'Ourcq et celui de la Marne.

L'intervalle compris entre le ruisseau le Rouillon et le canal de l'Ourcq est complètement dégarni ; c'est la trouée formée par la plaine de Saint-Denis. La défense pourrait prendre position sur le ruisseau de la Morée dont les inondations seront tendues.

Le deuxième groupe, au Sud-Est, défend la région comprise entre la Marne et la Seine en amont de Paris et forme tête de pont entre les deux rivières. Il comprend les forts de Villiers, Champigny, Sucy-en-Brie, Villeneuve-Saint-Georges. Cette tête de pont protègera les débouchés d'une armée vers la Champagne.

Le troisième groupe, au Sud-Ouest, garde la zone au Sud de la Seine, avec les forts de Palaiseau, de Villeras et les ouvrages de Verrières au nord de la Bièvre, le fort du Haut-Buc, les batteries de Satory, de Bouviers, le fort de Saint-Cyr, la batterie du Bois-d'Arcy et le groupe de batteries construites dans le massif de la forêt de Marly, avec le réduit du Trou-d'Enfer.

Un chemin de fer de grande ceinture relie ces ouvrages.

Tel est, actuellement, le détail des nombreuses défenses

qui, avec les anciens forts et l'enceinte continue, font de Paris un formidable camp retranché. Nous avons dit, en commençant, que la pioche du démolisseur devait s'attaquer à ces ouvrages importants, souhaitons que pour une question de gros sous, par nécessité de vendre des terrains productifs, l'État n'ait pas à se repentir un jour d'avoir détruit une œuvre aussi complète et aussi redoutable.

Rouen. — Imp. Girieud.

www.ingramcontent.com/pod-product-compliance
Lightning Source LLC
Chambersburg PA
CBHW061124050726
47594CB00005B/2088